BIBLIOTHÈQUE
DU THÉÂTRE MODERNE

TROIS CHAPEAUX
DE FEMME

COMÉDIE VAUDEVILLE EN UN ACTE

PAR

MM. LAFARGUE & SIRAUDIN

Représentée pour la première fois à Paris, sur le théâtre du Palais-Royal,
le 30 décembre 1863.

PARIS

E. DENTU, ÉDITEUR

LIBRAIRE DE LA SOCIÉTÉ DES GENS DE LETTRES

PALAIS-ROYAL, 17 ET 19, GALERIE D'ORLÉANS

Et à la LIBRAIRIE CENTRALE, 24, boulevard des Italiens.

—

1863

TROIS CHAPEAUX
DE FEMME

S'adresser pour la mise en scène détaillée à M. Guénée, régisseur
de la scène du théâtre du Palais-Royal, et pour la musique à M. Victor
Robillard, chef d'orchestre du théâtre.

————

Nota. — Toutes les indications sont prises de la gauche du
spectateur.

Coulommiers. — Typographie de A. MOUSSIN.

TROIS CHAPEAUX

DE FEMME

COMÉDIE VAUDEVILLE EN UN ACTE

PAR

MM. LAFARGUE & SIRAUDIN

Représentée pour la première fois, à Paris, sur le théâtre du Palais-Royal, le 30 décembre 1863.

PARIS

E. DENTU, EDITEUR

LIBRAIRE DE LA SOCIÉTÉ DES GENS DE LETTRES

PALAIS-ROYAL, 17 ET 19, GALERIE D'ORLÉANS

Et à la LIBRAIRIE CENTRALE, 24, boulevard des Italiens.

1864

<table>
<tr><td>PERSONNAGES :</td><td colspan="2">ACTEURS :</td></tr>
<tr><td>MORISSET. . . . .</td><td>MM.</td><td>Geoffroy.</td></tr>
<tr><td>GOBINEAU. . . . .</td><td></td><td>Réné Luguet.</td></tr>
<tr><td>ALFRED RICHARD. . . . .</td><td></td><td>Gaston.</td></tr>
<tr><td>Mme MORISSET. . . . .</td><td>Mmes</td><td>Keller.</td></tr>
<tr><td>Mme GOBINEAU . . . .</td><td></td><td>Brigitte Aubry.</td></tr>
<tr><td>Mme BEAULIEU. Jeune veuve . . .</td><td></td><td>de Ribeaucourt.</td></tr>
<tr><td>JULIE, Femme de chambre de madame
   Morisset. . . . .</td><td></td><td>Ch. Prévost.</td></tr>
<tr><td>UN MONSIEUR au parterre. . . .</td><td></td><td>Ferdinand.</td></tr>
</table>

La scène se passe à Paris.

TROIS CHAPEAUX
DE FEMME

Dans la salle du théâtre du Palais-Royal.

SCÈNE PREMIÈRE

MORISSET, MADAME MORISSET, ALFRED, UN MONSIEUR
au parterre.

Morisset est assis dans une stalle d'orchestre au-dessous du balcon. — Madame Morisset et Alfred occupent deux fauteuils de balcon au-dessus de Morisset. — L'orchestre exécute l'ouverture de la pièce. — Au moment où on va lever le rideau, un chapeau de femme tombe sur la tête de Morisset.

MORISSET, le chapeau à la main.

Faites donc attention !

MADAME MORISSET, à Alfred.

Ciel ! mon mari !

ALFRED, se levant.

Venez, madame, venez... (Ils quittent précipitamment le balcon.)

MORISSET, debout montrant le chapeau.

A qui la casquette. (L'examinant.) Mais je ne me trompe, pas !... C'est le chapeau de ma femme. !...

UN MONSIEUR, au parterre.

Silence !

MORISSET.

Elle est donc ici... clandestinement ?... (Levant la tête.) Madame !

VOIX AU PARTERRE.

A la porte !

MORISSET.

Inutile d'avoir recours à la force armée... je m'y mets moi-même à la porte... (à son voisin.) Monsieur, veuillez me laisser passer, je vous prie. (Il sort.. — L'orchestre continue.)

MORISSET, rentrant au balcon. — L'orchestre s'arrête.

Permettez, messieurs... une investigation... il y a deux places vides... Bon : ma femme n'était pas seule !... un dernier renseignement ? quel est le sexe qui occupait ce second fauteuil ?

LE MONSIEUR, du parterre.

Blond.

MORISSET.

Je ne vous demande pas la nuance, je vous demande le sexe.

LE MONSIEUR, du parterre.

Masculin.

MORISSET.

Merci... je suis fixé !

VOIX DU PARTERRE.

A la porte ! à la porte donc !

MORISSET.

Je m'y mets,.. sans me prendre au collet... si vous croyez que je tiens à voir votre pièce ! des pièces d'une morale trop légère, et qui sont cause de l'accident qui m'arrive aujourd'hui... et qui vous arrivera demain, je l'espère...

VOIX DU PARTERRE, avec force.

A la porte ! à la porte !

MORISSET.

Ah ! mais non, mille fois non ! (Il sort. L'orchestre achève l'ouverture. On lève le rideau.)

SCÈNE II

Un salon chez Morisset. — Porte au fond, portes latérales, cheminée à droite, un guéridon à droite, une armoire à gauche, chaises, fauteuils, une table. — Au fond à droite près de la cheminée sur laquelle est un service à thé, table au fond à gauche avec des brochures, albums, etc.

JULIE, puis MADAME DE BEAULIEU.

JULIE, seule, assise devant le guéridon sur lequel est une lampe allumée. Prenant le thé.

Monsieur est au cercle... madame doit-être au spectacle : Elle a mis son chapeau neuf... et moi je prends mon thé...

(On sonne.) Quelqu'un ! (Elle pose sa tasse sur la table du fond et va ouvrir.) C'est madame de Beaulieu.

MADAME DE BEAULIEU, * enveloppée dans un burnous.

Vous êtes seule, Julie?

JULIE.

Oui madame, Monsieur et Madame son sortis.

MADAME DE BEAULIEU, très-agitée. Elle passe

Vite une plume, du papier, de l'encre... **

JULIE, lui indiquant le guéridon.

Voilà, madame.

MADAME DE BEAULIEU, à part.

Il serait imprudent de mettre cette femme de chambre dans la confidence. Laissez-moi seule, un instant, je vous prie.

JULIE.

C'est bien, madame. (Elle sort par le fond.)

MADAME DE BEAULIEU, s'asseyant pour écrire.

Il n'y a pas un moment à perdre... heureusement je suis venue ici en toute hâte... (Ecrivant.) « Ma chère amie, »

« J'étais au théâtre du Palais-Royal, et j'ai vu tout ce qui
« s'est passé... comment te trouvais-tu là avec un jeune
« homme... un jeune homme charmant ma foi ?... c'est ce
« que tu m'expliqueras plus tard... mais en attendant j'ai
« prévu ton embarras, j'ai deviné la colère de M. Morisset,
« et je viens à ton secours... j'avais précisément sur ma tête
« le chapeau pareil au tien, et à celui d'Amélie, que nous
« avons fait faire toutes les trois ensemble, chez la même mar-
« chande de modes, je le laisse dans ton armoire... tires-en le
« parti que tu pourras... La femme la plus sotte devient intelli-
« gente quand il s'agit de dérouter son mari, et tu es une
« femme d'esprit, à bientôt. — CLARA. »

P. S. « Fais-moi connaître, le plutôt possible, le résultat
« de ton explication avec M. Morisset. » (Elle ôte son chapeau et le met dans l'armoire.) Là... à la place du sien... comme s'il n'en était jamais sorti... et, maintenant, enveloppons ma tête dans ce capuchon... (Elle sonne.) Julie... ce billet à votre maîtresse, quand elle rentrera, et quand elle sera seule, vous m'entendez?

JULIE.

Oui madame.

MADAME DE BEAULIEU.

Je sors par l'escalier de service... pas un mot de cette visite à M. Morisset. (Elle sort à gauche, premier plan.)

* Madame de Beaulieu, Julie.
** Julie, madame de Beaulieu.

JULIE, seule.

Très-bien madame. C'est singulier, il me semblait que madame de Beaulieu était entrée ici avec un chapeau, et elle en sort la tête couverte d'un simple capuchon ! (On sonne très-fort.) Oh ! cette fois c'est mon maître. (elle va ouvrir.)

SCÈNE III

JULIE, MADAME MORISSET, ALFRED. *

MADAME MORISSET.

Quelle imprudence, Alfred !

ALFRED.

Je n'écoute rien... dans l'état d'agitation où vous êtes, mon devoir était de vous conduire chez vous, et de m'assurer qu'il ne vous était rien arrivé de fâcheux.

MADAME MORISSET.

Julie, laissez-nous !

JULIE, à part, près la porte du premier plan à gauche.

C'est singulier ! madame qui était sortie avec son chapeau, rentre avec son capuchon !

MADAME MORISSET.

Eh bien ! Julie !...

JULIE.

Je sors, madame. (Elle sort par le fond.)

MADAME MORISSET.

Si mon mari vous rencontrait ici ?

ALFRED.

Eh bien ! ma chère cousine, aux grands maux les grands remèdes : nous lui dirions tout.

MADAME MORISSET.

Y pensez-vous ?

ALFRED.

Oui, je sais qu'il est jaloux de moi, qu'il n'a jamais voulu me voir, qu'il m'a pris en horreur, sans me connaître, par la seule raison que je suis votre cousin, mais rassurez-vous.... après le scandale que monsieur Morisset a fait au Palais-Royal, j'ai vu qu'on le conduisait dans le bureau du commissaire de police... nous avons donc tout le temps de conjurer l'orage... Voyons, je me mets à votre disposition... que faire ?

MADAME MORISSET.

Oh ! je n'en sais rien !... je perds la tête... il ne me vient

* Madame Morisset, Alfred.

pas une idée... ce chapeau qu'il a entre les mains, est une
preuve accablante contre moi !

ALFRED.

Voyons, cherchez bien.... les femmes trouvent toujours une
foule de ressources dans ces occasions là !

MADAME MORISSET, se frappant le front.

Oui, c'est une inspiration !..,

ALFRED.

Là ! quand je vous le disais !...

MADAME MORISSET.

Et vous pouvez me sauver....

ALFRED.

Inutile de vous dire que j'accepte, même au péril de ma vie.

MADAME MORISSET.

Oh ! je ne vous demande pas un si grand sacrifice.... mon
amie, madame Gobineau a fait faire un chapeau pareil au
mien...

ALFRED.

Je comprends... et elle demeure ?...

MADAME MORISSET.

Même rue, numéro 11.

ALFRED.

J'y cours, et je vous le rapporte, avant l'arrivée de votre
mari.

MADAME MORISSET.

Le reste me regarde !

ALFRED.

Très bien, nous disons : Madame Gobineau, même rue
numéro....

MADAME MORISSET.

Onze.

ALFRED.

J'y vole !

MADAME MORISSET, l'accompagnant.

Allez, allez, et revenez vite... sortez par ici. (Il sort par l'escalier de service à gauche, premier plan.)

SCÈNE IV

MADAME MORISSET, puis JULIE.

MADAME MORISSET, seule.

Aura-t-il le temps? si le commissaire de police était bien
inspiré, il retiendrait monsieur Morisset dans ses bureaux, un

1.

quart d'heure seulement... je ne suis pas bien exigeante....
mais non, il va venir.... (Écoutant.) C'est lui.

JULIE,* avec mystère.

Non, madame, c'est moi.

MADAME MORISSET.

Vous m'avez fait une peur...

JULIE, regardant autour d'elle.

Il n'y a plus personne ?

MADAME MORISSET.

Vous le voyez bien.... pourquoi ce mystère?....

JULIE.

Madame de Beaulieu sort d'ici...

MADAME MORISSET, à part.

Comment se fait-il , je l'ai laissée au théâtre.

JULIE.

Et elle m'a bien recommandé de ne remettre ce billet à madame, que lorsqu'elle serait seule !...

MADAME MORISSET.

Donnez !

JULIE.

Le voici madame ! (Elle se met à l'écart.)

MADAME MORISSET, après avoir parcouru la lettre.

Il se pourrait !.... (allant à l'armoire) mais oui... le chapeau
est là!... c'est de la magie... de la féerie !... et je suis sauvée!
Ah! monsieur Morisset, maintenant je vous permets d'arriver....(Elle retire la clé de l'armoire et la met dans sa poche. —
Haut.) Julie, préparez ma table à ouvrage.

JULIE.

Voilà, madame.

MADAME MORISSET, prenant sur une table à gauche divers objets.

Très-bien.... ouvrez ce journal de modes, et jetez-le sur
cette table... cet album.... Ah! une tasse à thé vide, comme
si je venais de la boire.

JULIE, la prenant sur la table de droite.

Voici, madame !

MADAME MORISSET.

Très-bien.... on sonne !... (S'asseyant.) Allez ouvrir. (Elle a
l'air de broder tranquillement.)

* Madame Morisset, Julie.

SCÈNE V

LES MÊMES, MORISSET* avec un chapeau de femme à la main, qu'il
cache derrière son dos.

MADAME MORISSET.

Mon mari !...

JULIE, à part et examinant Morisset.

Tiens ! monsieur qui était sorti avec un chapeau d'homme
sur la tête, et qui rentre avec un chapeau de femme dans
le dos !...

MADAME MORISSET.**

Ah ! c'est vous, mon ami ?... vous rentrez de bien bonne
heure !...

MORISSET, se contenant.

Oui, oui... je rentre de bien bonne heure !... que faites-
vous là, ma charmante ?

MADAME MORISSET.

Vous le voyez.... ce que je fais tous les soirs, au coin de
mon feu, quand vous êtes parti... je prends du thé, je lis, je
baille et je brode, en attendant le retour de mon seigneur et
maître...

MORISSET.

En effet... vous brodez merveilleusement. (A part.) Ce mot
renferme une ironie amère.

MADAME MORISSET.

Je brode au plumetis,

MORISSET.

Ah ! c'est au plumetis.

MADAME MORISSET.

Oui... c'est au plumetis.

MORISSET.

Ainsi donc, vous avez passé toute votre soirée à faire comme ça des petits ronds, des petits pois, des petits trous ?

MADAME MORISSET.

Toute ma soirée...

MORISSET.

Et vous n'êtes pas sortie. (A part.) Laissons-la s'enferrer.

MADAME MORISSET.

Quelle demande! vous savez bien que je ne sors jamais sans
vous.

MORISSET.

C'est vrai, je l'avais oublié.

* Morisset, Julie, madame Morisset.
** Morisset, madame Morisset.

MADAME MORISSET.

Comment vous l'avez oublié!..... mais alors, à quoi sert-il
que je reste ici des heures entières à mourir d'ennui , si vous
ne m'en tenez aucun compte?

MORISSET.

Mais, au contraire, je vous tiens très-bien compte de ce
que vous faites..... je vous en tiens un compte énorme.....
(A part.) Ce mot renferme une ironie plus amère encore.

MADAME MORISSET.

Alors que signifie?

MORISSET.

C'est qu'il y a des femmes..... que je m'abstiens de quali-
fier, qui disent à leurs maris qu'elles restent, et qui s'en
vont...

MADAME MORISSET.

J'espère , Monsieur, que vous ne me rangez pas dans la ca-
tégorie de ces femmes-là ?

MORISSET.

Je vous rends justice..... ce n'est pas vous qui , au mépris
de toutes les lois civiles et humaines, oseriez vous montrer
dans un théâtre profane, en compagnie d'un jeune homme
blond...

MADAME MORISSET, elle se lève.

Ah ! ça, Monsieur, que voulez-vous dire, et où voulez-vous
en venir ?

MORISSET.

Emmelina... je vous l'avoue, je joue avec vous, comme le
chat joue avec la souris... j'ai voulu me donner l'atroce plai-
sir, de suivre sur votre visage, les traces de l'astuce et de la
duplicité...

MADAME MORISSET, passant. *

Monsieur !

MORISSET, continuant.

Votre trouble vous a trahie..... Emmelina, vous me trom-
pez! vous n'êtes pas restée ici, ce soir !..... vous êtes allée,
avec un gandin, au théâtre du Palais Royal !...

MADAME MORISSET.

Est-ce que vous devenez fou ?

MORISSET.

J'ai toute ma tête..... et la preuve, c'est que du balcon où
vous étiez placée avec votre complice, votre chapeau est tombé
sur elle...

MADAME MORISSET, riant.

Mon chapeau ?

* Madame Morisset, Morisset.

MORISSET, montrant le chapeau.

Le reconnaissez-vous?

MADAME MORISSET, examinant le chapeau.

Oh! c'est singulier!... mêmes fleurs, même forme, Marie-
Stuart! le fait est qu'il lui ressemble...

MORISSET.

A croire que c'est lui, n'est-ce pas? Eh bien, Madame, jusqu'à preuve contraire, je croirai que c'est le vôtre.

MADAME MORISSET.

Il me serait très-facile de vous la donner cette preuve!...
mais vos indignes soupçons me blessent et m'outragent... et
je refuse de me justifier...

MORISSET.

Nous la connaissons celle-là..... tout ça ce sont des grands
mots..... ces coquelicots vous écrasent!..... je demande la
preuve contraire..... constatez l'alibi de votre bibi, en me
montrant l'un, pendant que je tiens l'autre?

MADAME MORISSET.

Je vous attendais à cette sotte demande... mon chapeau est
là, dans cette armoire.

MORISSET.

Bah! (Il dépose le chapeau sur le guéridon.)

MADAME MORISSET.

Mais, je vous préviens, M. Morisset, que je vous ferai payer
cher votre manque de confiance... Tenez voici la clé de l'armoire... faites vos perquisitions si bon vous semble, vous êtes
prévenu.

MORISSET, * à part et allant à l'armoire.

Cette assurance!... oh! les femmes!... c'est traître comme
un chat sauvage. (Il hésite.)

MADAME MORISSET.

Eh! bien! ouvrez... ou rendez-moi la clé!

MORISSET.

Vous rendre la clé? Eh bien, non!... j'ouvre! Madame!
j'ouvre! (Il ouvre l'armoire, et aperçoit le chapeau.) Il y est!... il
se repose tranquillement, sur son champignon!... oh! Emmelina, je suis un monstre! (Il tombe à genoux.)

MADAME MORISSET.

Fi! que c'est mal!

MORISSET.

Je suis un infâme! me pardonneras-tu jamais?...

MADAME MORISSET.

Allons, relevez-vous et embrassez-moi.

_____

* Morisset, madame Morisset.

MORISSET, se relevant.

Oh ! tiens, ce dernier trait est sublime ! je t'ai soupçonnée, injuriée, et tu te venges en permettant à mes lèvres d'effleurer ton front de neige !... c'est magnanime !... oh ! les femmes !... on ne connait pas tous les trésors d'indulgence qu'elles ont dans le cœur !... laisse-moi t'embrasser encore... sois magnanime une seconde fois !...

MADAME MORISSET, le repoussant.

Assez, Monsieur, assez !

MORISSET.

Tu as raison, assez !... il est, pour moi, une autre manière de réparer mes torts : ce bracelet, que je te promettais toujours, et que je ne te donnais jamais... tu l'auras...

MADAME MORISSET.

Ce soir ?...

MORISSET.

J'avais l'intention de ne le donner que demain..... mais bah !..... (A lui-même.) Quand on fait une bêtise, il faut la faire tout de suite... si on réfléchissait on pourrait ne pas la faire. (Haut.) Je cours l'acheter.

MADAME MORISSET, tendrement.

Adolphe !

MORISSET.

Oh ! j'aime à t'entendre m'appeler ainsi ! j'en choisirai un avec deux mains enlacées, symbole de notre attachement indissoluble...

MADAME MORISSET.

Vous allez faire des folies !...

MORISSET.

Oh ! oui !... tiens dans mon délire, je sens que je t'achèterais le palais des Tuileries, mais on le répare... ça sera pour un autre jour... j'emporte ce chapeau, chez le bijoutier... je lui dirai, coquelicots en main, la grandeur de l'offense, et il fixera lui-même, le prix de la réparation... adieu, adieu mignonne, oh ! sois magnanime. (Il veut l'embrasser.)

MADAME MORISSET.

Au retour !

MORISSET.

En ce cas, je vole et je reviens !

Air : *De la Savonnette.*

Oui tout me sollicite
Sans plus temporiser
Je reviens au plus vite
Dans l'espoir d'un baiser.

MADAME MORISSET.

Oui je me félicite
D'avoir su l'apaiser,
Surtout si j'en suis quitte
Ici pour un baiser.

MORISSET.

Allons, j'ai pris le parti le plus sage
Par un cadeau mes torts sont oubliés,
Le repentir, c'est la paix du ménage
Et la fortune des bijoutiers.

REPRISE ENSEMBLE.

Oui tout me sollicite
Oui je me félicite.

(Morisset sort en emportant le chapeau.)

SCÈNE VI

MADAME MORISSET, seule et allant retirer la clef de l'armoire.

Ouf! je suis sauvée, et ce n'est pas sans peine...... Mon
Dieu que c'est donc difficile de soutenir un mensonge jusqu'au bout! sans compter le chagrin qu'on éprouve à trom-
per son mari.... Ce pauvre Morisset, surtout, qui est si bon,
qui m'aime tant! Heureusement ma conscience est bien
tranquille, et je n'ai pas à rougir de ma petite escapade.

SCÈNE VII

MADAME MORISSET, ALFRED. *

ALFRED, entrouvrant la porte de l'escalier de service. — Premier plan
à gauche.

Etes-vous seule? Peut on entrer?...

MADAME MORISSET, gaîment.

Ah! vous voilà, mon cousin?

ALFRED, essoufflé avec un chapeau de femme à la main.

Oui...... avec le chapeau de madame Gobineau...... Votre
amie n'était pas chez-elle, mais je n'ai eu qu'à prononcer
votre nom, et sa femme de chambre me l'a donné...

MADAME MORISSET, riant.

Ah! ah! vous avez l'air du trottin d'une modiste!....

ALFRED.

Vous riez? alors, c'est que votre mari n'est pas rentré, **et**
que j'arrive à temps. (Il dépose le chapeau sur une des deux
chaises placées. — Premier plan gauche.)

* Alfred, madame Morisset.

MADAME MORISSET.

Pas du tout, vous arrivez trop tard...... Mon mari est rentré.... et je ris.... parce que M. Morisset ne se doute de rien d'abord, et puis, parce qu'au lieu d'un chapeau, nous en avons deux maintenant.

ALFRED.

Ah ! bah ! d'où vous est venu l'autre ?

MADAME MORISSET.

De madame de Beaulieu, qui a quitté le Palais-Royal, en toute hâte, et qui est venue déposer le sien ici, dans mon armoire.... vous devinez la suite.... M. Morisset est rentré pétrifié.... il m'a demandé pardon, il m'a embrassée, et pour se punir de ses injustes soupçon, il est entrain de m'acheter un magnifique bracelet.

ALFRED.

Ma foi, ma chère cousine, je suis ravi de cet heureux dénouement.... Si je suis la cause, bien innocente, de tous vos ennuis, vous aurez, du moins, gagné quelque chose à me rendre service.

MADAME MORISSET.

Oui.... le mal trouve toujours sa récompense.

ALFRED.

Ne dites pas cela.... c'est une bonne action que celle que vous avez faite ce soir...... je n'avais aucun moyen de voir madame de Beaulieu, qui est veuve, que j'aime, que j'adore.. et sans la mettre dans la confidence de mes projets, vous l'avez décidée à aller aujourd'hui au théâtre du Palais-Royal.... où vous avez consenti à m'accompagner, et où vous deviez me présenter à elle...... malheureusement une catastrophe imprévue a paralysé toutes vos bonnes intentions...

MADAME MORISSET.

Ce qui ne m'empêchera pas d'y donner suite... car si mon mari est jaloux de vous sans vous connaître, le meilleur moyen de détruire ses soupçons est de vous marier.

ALFRED.

Que vous êtes bonne! mais comment faire, maintenant, pour arriver jusqu'à madame de Beaulieu ?

MADAME MORISSET.

Le moyen est bien simple : Tenez lisez sa lettre.... Déjà elle vous trouve charmant.... et elle me prie de lui faire connaître le résultat de mon explication avec mon mari.

ALFRED, lisant.

Vous avez raison, le moyen est tout trouvé.

MADAME MORISSET.

Vous allez vous rendre chez elle... vous lui remettrez son

chapeau dont je n'ai que faire !..... (Elle va prendre le chapeau dans l'armoire.) Qui deviendrait même compromettant pour moi, si je le gardais.... et vous tâcherez de vous faire aimer, si c'est possible.

ALFRED. *

J'y cours. (Il prend un chapeau que lui donne madame Morisset.)

MADAME MORISSET, le rappelant.

Ah ! tenez, en passant dans la rue, vous remettrez aussi le chapeau de madame Gobineau, qui m'est également inutile. (Elle lui donne celui qu'il a déposé sur la chaise, il met son chapeau sur sa tête, et prend le chapeau de l'autre main.)

ALFRED.

Très-bien ! (Il prend l'autre chapeau, et les tient tous les deux en l'air.)

MADAME MORISSET, riant.

Vous êtes délicieux ainsi ! il ne vous manque plus qu'une casquette galonnée avec ces mots : O D E, marchande de modes.....

ALFRED.

Rassurez-vous, le trottin a sa voiture à la porte. (Il sort.)

MADAME MORISSET.

Allez...... et bonne chance...... (Seule.) Pauvre garçon !.... il faut être amoureux pour faire ce métier là !...

ALFRED, revenant précipitamment.

Un ami de votre mari, monsieur Gobineau, monte par le grand escalier !... impossible de sortir par là !

MADAME MORISSET, vivement. **

Tenez.... l'escalier de service. (Elle indique la porte — Premier plan à gauche.)

ALFRED, s'en allant.

S'il m'avait rencontré avec le chapeau de sa femme je l'échappe belle. (Il sort.)

MADAME MORISSET, seule.

Je n'avais pas prévu ce danger.... j'ai eu une bonne pensée de renvoyer ce chapeau à Amélie !

ALFRED, revenant.

Bon !... monsieur Morisset monte par l'escalier de service... Je suis bloqué !... Que faire ?,..

MADAME MORISSET.

Cachez-vous dans ce cabinet, et ne bougez pas. (Elle le fait entrer dans le cabinet, premier plan à droite, et elle ferme vivement la porte sur lui, et reprend tranquillement son travail au guéridon.)

* Madame Morisset, Alfred.
** Alfred, madame Morisset.

SCÈNE VIII

MADAME MORISSET, MORISSET, ALFRED, caché, puis
GOBINEAU.

MORISSET, * essoufflé arrivant. — Premier plan gauche.
Ouf ! c'est moi !... j'ai voulu arriver avant Gobineau... qui
monte de l'autre côté.

MADAME MORISSET.
Ah ! mon ami !... comme vous êtes ému !

MORISSET.
Non ! je suis essoufflé... Je tenais à t'offrir... seul à seul...
ce léger cadeau... (Il lui donne l'écrin.)

MADAME MORISSET.
Oh ! c'est ravissant ! Merci ! merci !

MORISSET.
J'espérais que tu m'aurais appelé Adolphe... mais ce sera
pour une autre fois. (On entend Gobineau au dehors.) Oh ! c'est
Gobineau.

GOBINEAU, entrant **.
Tu l'as dit. (Saluant.) Madame, excusez-moi si je me présente
à cette heure !

MORISSET.
Allons donc ! un vieil ami ! un ancien loup de mer tel que
toi a ses entrées dans notre cabine à toute heure. Quelle
brise t'amène ?... tu vois, j'ai le style des marins.

GOBINEAU, brusquement.
C'est inutile, il me semble que je ne parle pas autrement
que les autres.

MORISSET.
Hein ? ce ton brusque ! on croirait entendre un capitaine
de corsaire...

GOBINEAU.
Laisse-moi donc tranquille !... je croyais te voir au cercle...
ton absence m'inquiétait... mais tu vas bien... tant mieux,
je m'en vais.

MORISSET, lui tendant la main.
Merci, mon amiral.

GOBINEAU, à part.
Animal va !

MORISSET.
Je me porte comme l'Océan.

* Morisset, madame Morisset.
** Morisset, Gobineau, madame Morisset.

MADAME MORISSET, à Gobineau.

Et Amélie va bien?

GOBINEAU.

Elle se porte comme le Pont-Neuf.

MORISSET, à part.

Il affecte le langage de terre.

GOBINEAU.

Je viens de passer chez moi... ma femme n'était pas encore rentrée... Elle va tous les soirs chez sa mère, moi je vais au cercle... c'est une affaire convenue.

MADAME MORISSET.

Vous ne l'accompagnez jamais?

GOBINEAU.

Si, quelque fois... mais jamais chez la belle-mère, on me place au wist, en face d'elle... et comme je joue très-mal... elle m'injurie.

MORISSET.

Elle fait feu de tribord à babord? (Madame Morisset se lève, va au fond et gagne l'extrême gauche.)

GOBINEAU, impatienté *.

Ah! ça voyons! as-tu bientôt fini, toi? je te parle comme à bourgeois... réponds-moi de même.

MORISSET.

C'est bon !... ne te fâches pas... Tu prends feu... comme la Sainte-Barbe.

GOBINEAU.

Encore !

MORISSET.

Eh bien !... c'est fini... là... Es-tu content?... et je vais te raconter, en style bourgeois, puisque tu l'exiges, la bizarre aventure qui m'est arrivée ce soir...

MADAME MORISSET, vivement.

C'est inutile, M. Morisset.

MORISSET.

Pardon !... j'ai eu des torts envers toi... et mon devoir est de les confesser... c'est ainsi que je comprends la réparation.

GOBINEAU.

Quoi donc ?

MORISSET.

Figure-toi, mon cher Gobineau... (S'arrêtant.) C'est drôle! pour un marin, je n'aime pas ce nom de Gobineau... mais tu ne l'as pas choisi... aussi je ne t'en fais pas un reproche...

GOBINEAU, impatienté.

Va donc, va donc!...

* Madame Morisset, Morisset, Gobineau.

MORISSET.

Figure-toi.. (S'interrompant encore.) J'aurais mieux aimé
Duquesne ou Duguay-Trouin, mais enfin !... (Continuant.)
Figure-toi que j'étais ce soir, à sept heures, à prendre mon
café à la Rotonde... lorsqu'un des auteurs de la pièce nou-
velle qu'on joue en ce moment au théâtre du Palais-Royal
entre dans le café...

MADAME MORISSET.

Voyons... M. Morisset...

MORISSET.

Je parlerai !... c'est ainsi que je comprends la réparation...
(Continuant.) Je ne connais pas cet auteur par ses œuvres...
que je soupçonne être d'un goût douteux... mais il s'est établi
entre nous des relations de bézigue à bézigue...

GOBINEAU.

Je comprends cela !... je suis lié... par des rapports de
domino à domino... avec un peintre très-distingué... je ne
sais pas s'il a du talent... mais je sais qu'il a toujours le
double-blanc.

MORISSET.

Et le mien, quarante de bec ou le cinq cents. Ah ! tu vois...
je continue... cet auteur, que je ne nommerai pas, car on n'a
pas encore probablement fini de jouer son vaudeville, et des
évènements funestes peuvent le forcer à garder l'anonyme...cet
auteur dis-je m'invite galamment à voir sa pièce.. j'accepte...
je me rends au théâtre, où on me fait payer 6 francs...
ceci est un détail... ça n'a aucun rapport avec mon aventure...
ça peut avoir un grand rapport pour l'administration... mais
ça ne me regarde pas...

GOBINEAU.

Vas donc !...

MORISSET.

Je me place à l'orchestre.

MADAME MORISSET.

Ah ! mon ami...

MORISSET.

La réparation, Madame, la réparation... (Continuant.) On
joue l'ouverture ! je suis frappé d'abord de la beauté de la
musique,exécutée par des artistes de choix...Ça promettait...
lorsque tout-à-coup le chapeau d'une dame placée au balcon à
côté d'un jeune blondin...

MADAME MORISSET.

Adolphe !

MORISSET, à sa femme.

Merci ! je l'attendais !... (Il lui donne la main, continuant.)
tombe sur ma tête !...

GOBINEAU.

Je vois d'ici l'effet; on a dû rire.

MORISSET.

Beaucoup !... c'est comme lorsque quelqu'un tombe... on rit toujours ! l'humanité est ainsi faite... je me lève... je prends le chapeau... comme ça... (Il prend le chapeau sur le guéridon.) et je dis... à qui la casquette ?

GOBINEAU, regardant le chapeau que Morisset tient en l'air.

C'est singulier !

MORISSET.

Mais en l'examinant de plus près, je m'écrie...

GOBINEAU, s'écriant.

Mais c'est le chapeau de ma femme !...

MORISSET.

Précisément... tu es dans la situation... Je m'écrie : mais c'est le chapeau de ma femme !

GOBINEAU.

C'est celui de madame Gobineau !...

MADAME MORISSET, à part.

Grands dieux !

MORISSET, à part.

Hein !

GOBINEAU.

Je le reconnais... ces deux dames ont fait faire des chapeaux pareils !...

MORISSET, à part.

Oh ! saprelotte !

GOBINEAU.

Et à moins que ta femme n'ait avoué... que c'était le sien...

MORISSET.

Dame !... je suis forcé... pour l'honneur de madame Morisset... de déclarer que....

GOBINEAU.

Voyons, parle, parle....

MORISSET, déposant le chapeau sur le guéridon.

Eh bien !... que j'ai trouvé cette innocente victime... là.... brodant tranquillement au plumetis.... le front calme et placide, comme en ce moment. (Madame Morisset s'agite.) Et qu'enfin j'ai vu... de mes propres yeux vu... son chapeau se reposant, plus tranquillement encore, dans cette armoire, sur son champignon de palissandre.

GOBINEAU.

M lle bombardes !...

MORISSET, à part.

Le marin reprend le dessus.

MADAME MORISSET, bas à son mari.

Qu'avez-vous fait?

MORISSET.

J'ai fait une boulette... c'est clair!...

GOBINEAU, très-agité.

Mais ça ne se passera pas comme ça.... mille millions de mâts de perroquets...

MORISSET, à part.

Oh! nous sommes en plein Jean-Bart!...

GOBINEAU.

Je saurai la vérité... je cours une bordée, jusque chez ma belle-mère... (Fausse sortie.)

MADAME MORISSET, vivement.

Arrêtez monsieur!

MORISSET.

Voyons, voyons,... il faut se faire une raison que diable! les apparences son souvent trompeuses.... nous sommes tous mortels... et la vie est si courte!... (A part.) C'est banal! mais ça fait toujours bien. (Il tient Gobineau.)

GOBINEAU.

Laisse-moi te dis-je?

MADAME MORISSET, à part, poussant un cri de surprise.

Ah! (En se retournant, elle aperçoit Alfred, qui sort du cabinet, les deux chapeaux à la main, il en dépose un sur le flambeau de la cheminée, près de l'armoire et fait signe à madame Morisset, en sortant, par le fond, avec l'autre chapeau.)

SCÈNE IX

Les Mêmes, excepté ALFRED.

GOBINEAU, retenu par Morisset.

Non! non! je veux savoir à quoi m'en tenir... et si ma femme est coupable!... (Il fait le moulinet avec sa main.)

MADAME MORISSET, passant. *

Un instant, monsieur... (Jouant la confusion.) Plutôt que de laisser accuser injustement, mon amie... cette chère Amélie... et l'exposer à vos brutalités... j'aime mieux tout vous dire....

MORISSET et GOBINEAU.

Quoi donc?

MADAME MORISSET.

M. Morisset, je vous ai trompé!... ce chapeau est le mien!

GOBINEAU.

Il serait vrai!...

____

* Morisset, madame Morisset, Gobineau.

MORISSET, à part.

Ah ! je devine ! bien joué ! donnons lui la réplique... (Haut.)
Eh ! quoi madame ?

MADAME MORISSET.

C'est moi qui l'ai laissé tomber du balcon du Palais-Royal !

MORISSET, à part.

Bravo !... bravo !... c'est de la comédie française, redonnons
lui la réplique. (Haut.) Madame votre conduite a été plus que
légère, mais je n'ai pas oublié que vous êtes la mère de mes
enfants... si nous en avions... Emmelina je vous pardonne !...
dans mes bras !... dans mes bras !...

GOBINEAU.

Ta ra ta ta !... je ne donne pas dans ces machines là, moi !

MORISSET, à sa femme.

Ça ne prend pas !...

MADAME MORISSET.

Mais, monsieur, je vous assure...

GOBINEAU.

Pardon, madame... de deux choses l'une, ou vous étiez au
Palais-Royal et ce chapeau est à vous, ou vous n'y étiez pas,
et votre chapeau est dans cette armoire...

MORISSET, à part.

Aïe ! pincé.

GOBINEAU.

Si le chapeau n'est pas dans l'armoire, naturellement c'est
vous qui étiez au Palais-Royal... S'il y est, comme le pré-
tend Morisset, c'est ma femme qui est coupable... c'est clair.

MORISSET.

Parfaitement clair. (Bas à sa femme.) Prise au piége ! tire-toi
de là, ma bonne !...

MADAME MORISSET, prenant une résolution.

Eh bien, monsieur, M. Morisset vous a fait un mensonge...

MORISSET, bas à sa femme.

Emmelina, tu vas trop loin ! tu vas trop loin !

MADAME MORISSET, continuant.

Il a bien voulu me croire sur ma parole... et quand je lui
ai affirmé que le chapeau était là, il s'en est rapporté à
moi.

MORISSET.

C'est vrai, j'étais plein de confiance, je n'ai pas vérifié, je
l'avoue.

MADAME MORISSET, à Gobineau.

L'armoire est vide, monsieur !

GOBINEAU.

Eh bien ! madame, je vous crois, comme Morisset, mais je
demande à voir, moi.

MORISSET, * allant à lui.

Puisqu'on te dit qu'elle est vide !

GOBINEAU.

Pardon... pardon... je ne suis pas le mari de madame...
(Bas à Morisset.) Ta femme t'a dit tout à l'heure qu'il y avait
quelque chose et il n'y avait rien... maintenant qu'elle dit
qu'il n'y a rien, il y a peut-être quelque chose. (Haut.) Je demande à voir. (Il passe à l'armoire.) **

MADAME MORISSET, lui remettant la clef.

Voici la clef, ouvrez et regardez !...

GOBINEAU.

J'aime mieux ça. (Il va à l'armoire qu'il ouvre.)

MORISSET, bas à sa femme.

Mais il va découvrir...

MADAME MORISSET, de même.

Taisez-vous donc ! (Elle passe.) **

GOBINEAU, qui a ouvert l'armoire.

Rien, je ne vois rien !

MORISSET, inquiet.

Tiens ! ni moi non plus !

GOBINEAU.

Oh ! je respire, mon ami... (Il s'appuie sur Morisset qui le
lâche.)

MORISSET, à part.

Ah ! ça, est-ce que j'aurais mal vu ? est-ce que ?... (Haut.)
Madame ?...

GOBINEAU.

Mais tu as généreusement pardonné !...

MORISSET.

J'ai pardonné... c'est-a-dire... oui... non, au fait... je
croyais...

MADAME MORISSET.

Chut !... (Elle lui fait voir le chapeau qui est sur le flambeau de la
cheminée.)

GOBINEAU, à part.

Ils sont tous comme ça... ces maris !...

MORISSET, à part, apercevant le chapeau.

Ah ! (Haut.) Et je pardonne encore, et je pardonne toujours.

GOBINEAU.

Tu as raison ; nous sommes tous mortels... et la vie est si
courte... là !... et maintenant que je suis complétement...

* Madame Morisset, Morisset, Gobineau.
** Gobineau, madame Morisset, Morisset.
*** Gobineau, Morisset, madame Morisset.

MORISSET, riant.

Oh ! oui... complétement...

GOBINEAU.

Rassuré !... Laisse-moi donc finir...

MORISSET.

Rassuré... c'est ce que je voulais dire !

GOBINEAU.

Je vous laisse, et je retourne au cercle. (A part.) Ce pauvre Morisset !

MADAME MORISSET, saluant.

Faites attention. (Elle fait signe à son mari d'empêcher Gobineau de voir le chapeau.)

MORISSET, à part.

Oui, oui, le tourner du côté opposé à la cheminée... compris. (Il prend le bras de Gobineau et le fait tourner.) Ça y est (Haut.) Va au cercle, mon bon, va.

GOBINEAU, se tournant vers madame Morisset, placée du côté de la cheminée.)

Madame... (A Morisset, qui le fait tourner.) Tu n'as pas fini de jouer aux macarons avec moi !

MORISSET, le faisant retourner.

Est-il poli, donc !

GOBINEAU, de même.

Daignez recevoir...

MORISSET, de même.

Tu en es fatigant ! (Le conduisant jusqu'à la porte.) je n'ai jamais vu de marin aussi poli que ça.

GOBINEAU.

Tu vas venir me rejoindre ?

MORISSET.

Oui, oui... va t'en ! (Il le pousse dehors par la porte du fond.) Ah ! ce n'est pas sans peine ! * (Il redescend le théâtre.)

MADAME MORISSET.

Enfin ! il est parti !

GOBINEAU, revenant.

Ah ! je pense à une chose !

MORISSET.

Encore !

MADAME MORISSET.

Ah !

GOBINEAU, du seuil de la porte.

Si tu viens... (Apercevant le chapeau sur la cheminée.) Ah ! mon Dieu ! est-il possible !... (S'avançant.) Sur cette bougie !... *

* Madame Morisset, Morisset.
* Madame Morisset, Morisset, Gobineau.

MORISSET, à part.

Flambeau !... non flambé !...

MADAME MORISSET, à part.

Perdue !...

GOBINEAU.

Ah ! j'étais joué !... bafoué !... cette fois-ci, je jure bien que madame Gobineau va passer un vilain quart d'heure !

MADAME MORISSET.

Oh ! mon Dieu !...

SCÈNE X

LES PRÉCÉDENTS, MADAME GOBINEAU, JULIE.

JULIE, annonçant.

Madame Gobineau.

MADAME MORISSET, à part.

Elle !...

MORISSET, à part.

Elle tombe bien !...

GOBINEAU.

Ah ! nous allons voir !..,

MADAME GOBINEAU, d'un air dégagé. *

Bonjour Emmelina... (Saluant.) M. Morisset !...

TOUS, la regardant.

Elle a son chapeau !

MADAME MORISSET à part.

Alfred lui a reporté son chapeau.

GOBINEAU, à part.

Avec tous ses coquelicots...

MADAME GOBINEAU, à son mari.

Bonsoir mon ami... eh bien ! qu'avez-vous donc à me regarder ainsi, avec de grands yeux? (Avisant le bas de sa robe avec affectation.) Est-ce que j'ai quelque chose d'extraordinaire sur moi?

GOBINEAU.

Tiens, Amélie... il faut que je t'embrasse !...

MADAME GOBINEAU.

Quelle drôle d'idée! volontiers... (Gobineau lui baise la main.) Mais je ne comprends pas...

GOBINEAU.

Je suis un gueux, un scélérat!... et je ne mérite pas d'avoir une femme comme toi... (Il s'essuie les yeux.)

* Madame Morisset, Morisset, madame Gobineau, Gobineau.

MADAME GOBINEAU.

Vous pleurez à présent.

MORISSET.

Ne faites pas attention... c'est un grain... (Madame Gobineau remonte et va rejoindre Madame Morisset.) *

GOBINEAU.

Ah! tu me fatigues à la fin!..... quand c'est toi qui es cause...

MORISSET, à part.

Moi... (A Gobineau.) Oui!... c'est ma faute mais je l'ai réparée noblement, et toi, tu vas en faire autant.

GOBINEAU, à Morisset.

Volontiers..... mais je ne tiens pas à faire les choses noblement.

MADAME GOBINEAU, assise à gauche et causant avec Madame Morisset.

Qu'est-ce que c'est?...

MORISSET, à Madame Gobineau.

Permettez, belle dame... ça ne vous regarde pas... c'est une surprise... (A Gobineau.) J'ai acheté à ma femme un bracelet avec deux mains, comme ça... (Il se prend les mains.) Il y en a un pareil chez le bijoutier... viens!

GOBINEAU, à Morisset.

Diable !... est-ce salé ?...

MORISSET.

Le marin reprend le dessus... salé !...

GOBINEAU.

Non !... je veux dire est-ce cher?

MORISSET, bas à Gobineau.

Chut !... les mains enlacées sont à vil prix... on n'en veut plus.

GOBINEAU, de même.

Je choisis ça...

MORISSET, de même.

C'est sentimental..... ça flatte l'œil et le cœur..... et ça ne coûte presque rien.

MADAME GOBINEAU.

Mais enfin, Messieurs, pourrait-on savoir?

MORISSET.

Non... non... c'est une surprise...

MADAME GOBINEAU.

C'est juste !...

* Madame Morisset, madame Gobineau, Morisset, Gobineau.

MORISSET, bas à Gobineau.

Si **tu** préférais deux cœurs enflammés, a te couterait encore moins cher...

GOBINEAU.

Le cœur me va...

ENSEMBLE.

Air : *Des Mousquetaires.*

GOBINEAU ET MORISSET.

Un seul instant mesdames
Et vous verrez comment,
Les maris pour leurs femmes
Agissent noblement.

MESDAMES MORISSET ET GOBINEAU.

Soyons de bonnes âmes
Et nous verrons comment
Les maris pour leurs femmes
Agissent noblement.

(Ils sortent par le fond.)

SCÈNE XI

MADAME GOBINEAU, MADAME MORISSET.

MADAME MORISSET.

Ah! j'avais hâte de les voir partis!... maintenant, explique-moi...

MADAME GOBINEAU.

C'est bien simple : ton cousin Alfred qui entendait tout de ce cabinet, m'a rapporté mon chapeau... il m'a fait part des soupçons de mon mari... et pour compléter le coup de théâtre, je suis arrivée...

MADAME MORISSET.

Juste au moment où M. Gobineau se préparait à t'aller faire une scène... (Riant.) C'est charmant ! mais à présent, comment faire savoir ce qui s'est passé à Madame de Beaulieu?... car ce pauvre Alfred s'est sacrifié pour moi... il a laissé là, sur ce flambeau, ce chapeau qui devait servir à l'introduire chez elle...

MADAME GOBINEAU.

Tranquillise-toi... je préviendrai Clara... demain, ce soir peut-être... je lui parlerai de ton cousin, qui est fort bien, ma foi...

MADAME MORISSET.

N'est-ce pas ?

MADAME GOBINEAU.

Et je ne doute pas un instant qu'il ne convienne à notre amie... mais je te quitte...

MADAME MORISSET.

Eh ! quoi ! sans attendre la surprise de M. Gobineau ?... ingrate !

MADAME GOBINEAU.

Oh ! je devine : une surprise à bon marché... il ne m'en fait jamais d'autres.

MADAME MORISSET.

Mais non, vraiment !... un bracelet pareil au mien... tiens, vois.

MADAME GOBINEAU, regardant.

Deux mains enlacées... comme c'est délicat !... pourquoi pas tout de suite un amour avec des flèches !...

MADAME MORISSET.

Tu n'es jamais contente !

MADAME GOBINEAU.

Il ferait bien mieux de me donner un cachemire.

MADAME MORISSET.

C'est ce que je me disais quand Morisset m'a donné ce bracelet... mais...

MADAME GOBINEAU.

Enfin , ça viendra peut-être !... ces Messieurs sont déjà dans les bons principes... adieu.

MADAME MORISSET.

Adieu et merci. (Madame Gobineau sort par le fond.)

SCÈNE XII

MADAME MORISSET, puis JULIE.

MADAME MORISSET.

Que d'événements en quelques minutes ! heureusement que tout est fini... ah !... (Elle sonne.) Julie !...

JULIE, * entrant du fond.

Madame a sonné ?...

MADAME MORISSET.

Je rentre chez moi... serrez ce chapeau dans l'armoire....
(Elle désigne le chapeau laissé sur la table par Morisset.)

* Julie, madame Moriset.

JULIE.

Oui, madame... ah !... et celui-ci ?... (Elle désigne le chapeau qui est sur le flambeau de la cheminée.)

MADAME MORISSET.

Laissez-le là.... (A part.) Je le ferai remettre demain à Madame de Beaulieu. (Elle entre dans sa chambre, troisième plan à droite.)

JULIE, seule.

C'est singulier !... madame qui est rentrée sans chapeau, en a deux maintenant...

SCÈNE XIII

JULIE, GOBINEAU et MORISSET.

JULIE, sur le devant de la scène arrangeant le chapeau.

Peut-on abîmer un chapeau ainsi !

GOBINEAU, * entrant avec Morisset.

J'ai réfléchi !...

MORISSET.

Moi aussi !...

GOBINEAU.

Seulement.... moi.... j'ai réfléchi avant d'acheter le bracelet !...

MORISSET.

Moi, c'est après !... je le regrette... mais enfin... c'est fait ! Oh ! Julie ! sortez !...

JULIE.

Oui, monsieur.... aussitôt que jaurai mis ce chapeau dans l'armoire !...

MORISSET.

Non !... laissez-le là !...

JULIE.

Oui, monsieur... (Elle le met sur la table.)

MORISSET.

Où est madame ?

JULIE.

Elle est dans sa chambre.

GOBINEAU.

Et madame Gobineau ?...

JULIE.

Elle est partie...

GOBINEAU.

Bon voyage !...

* Morisset, Gobineau, Julie.

MORISSET.

Allez!... (Julie sort par le fond.)

GOBINEAU.

Fermez la porte!... Nous sommes seuls... bien seuls!...

MORISSET. *

Très seuls..... (Regardant mystérieusement.)

GOBINEAU.

Fais-moi part de tes réflexions ....

MORISSET.

Non... toi d'abord...

GOBINEAU.

Eh bien!... suis mon raisonnement ...

MORISSET.

Je le suis.

GOBINEAU.

Un chapeau... deux chapeaux... et celui que ma femme a en sa possession... ça fait trois chapeaux.

MORISSET.

Très-bien!...

GOBINEAU.

Donc... trois chapeaux pour deux têtes... c'est un chapeau de trop... il faut que ça se retrouve...

MORISSET.

L'autre appartient à la dame du Palais-Royal, parbleu!...

GOBINEAU.

Parbleu!... parbleu!... tu dis cela comme quelqu'un qui n'en serait pas bien sûr...

MORISSET.

Et bien!... je serai franc... j'ai eu les mêmes idées, les mêmes doutes que toi...

GOBINEAU.

Emets-les!

MORISSET.

Comment ?

GOBINEAU.

Je te dis de les émettre, tes doutes!...

MORISSET.

Ah! très-bien!.... (Continuant.) qui nous dit.... que ma femme ou la tienne...

GOBINEAU.

Non... j'aime mieux la tienne....

MORISSET.

Soit... qui nous dit que, troublée, surprise, inquiète, une

* Morisset, Gobineau.

fois son chapeau tombé de la galerie sur l'orchestre, ma femme... ou la tienne...

GOBINEAU.

Je préfère la tienne !...

MORISSET.

Soit !... ne soit pas allée, en toute hâte...

GOBINEAU.

Chez sa marchande de modes...

MORISSET.

Et n'en ait trouvé un...

GOBINEAU.

Exactement...

MORISSET.

Pareil à celui qu'elle possédait ?...

GOBINEAU.

Voilà ce qui m'a arrêté au moment du bracelet.... tu comprends!...On n'a jamais trop de temps pour vérifier les choses... Et on a toujours le temps d'acheter des cœurs enflammés !...

MORISSET.

Ainsi, tu crois donc que ta femme?...

GOBINEAU.

Non... je serais plutôt porté à supposer que madame Morisset...

MORISSET.

Ah ! mais non !...

GOBINEAU.

Ah ! mais si !...

MORISSET.

A la fin... tu m'agaces !...

GOBINEAU.

Ah ! ça, mille millions de focs !...

MORISSET, à part.

Jean-Bart est encore revenu !... (Il remonte, Gobineau passe.)

SCÈNE XIV

LES PRÉCÉDENTS, MADAME MORISSET *.

MADAME MORISSET.

Eh bien, Messieurs... qu'y a-t-il?... On se dispute ?..

MORISSET.

Non... c'est Gobineau.

GOBINEAU.

Du tout !... c'est toi !...

* Gobineau, Morisset, madame Morisset.

MADAME MORISSET.

Eh bien !... lui, vous ? Quoi ?... qu'y a-t-il ?... répondez?...

MORISSET.

Voici ce que c'est... remarque que je ne te soupçonne pas !... (A part.) Ça me coûterait un cachemire, cette fois-ci!...

MADAME MORISSET.

Voyons... j'écoute!...

MORISSET.

Nous disions... moi et Gobineau.,.

GOBINEAU.

Permets !...

MORISSET.

Il a raison... nous disions Gobineau et moi... c'est plus poli... nous disions donc, moi et Gobineau, qu'un chapeau là, un chapeau ici... et un troisième sur la tête de madame Gobineau...

MADAME MORISSET.

Ça en faisait trois !...

MORISSET.

Et qu'il n'y a que deux têtes pour ces trois chapeaux... voilà ce qui nous embrouille !...

MADAME MORISSET.

Eh bien !... le troisième appartient à la dame du Palais-Royal...

MORISSET.

Parfait !... (A Gobineau.) C'est que je t'avais dit... (A sa femme.) Je le lui avais déjà dit... seulement... remarque bien que je ne te soupçonne pas... je ne me le pardonnerais jamais !...

MADAME MORISSET.

Mais qui soupçonnez-vous donc?...

MORISSET.

Parbleu !... sa femme !...

GOBINEAU.

Encore ?...

MORISSET.

Écoute-moi bien... voilà le raisonnement qu'il a fait... et moi aussi... Si la marchande de modes qui vous a fourni deux chapeaux... un à toi, l'autre à sa femme... en possédait un troisième... et qu'alors... après la scène du balcon... toi... non... pas toi... elle !... sa femme... soit allée... en toute hâte...

MADAME MORISSET.

Ah ! une perquisition pareille !...

GOBINEAU, à Morisset.

Elle se trouble !...

MORISSET, de même.

Elle craint pour ta femme!...

GOBINEAU, de même.

Non, pour elle!...

MADAME MORISSET, haut.

Eh!... quoi!... Messieurs... vous nous faites l'injure de nous accuser toutes deux?...

MORISSET.

Toutes deux... jamais!... une seule!...

GOBINEAU.

Une!...

MADAME MORISSET.

Eh bien! soit! Messieurs, allez chez la marchande, rue Neuve Saint-Augustin... tout près d'ici... allez!...

MORISSET, à Gobineau, à part.

Quelle assurance!...

GOBINEAU, de même.

En effet!...

MADAME GOBINEAU.

Eh bien!... Messieurs!...

MORISSET ET GOBINEAU.

Nous partons!...

JULIE, entrant.

Il y a là... un monsieur qui désire parler à Monsieur.

MORISSET.

A moi?... faites entrer!...

GOBINEAU.

Nous irons après chez la modiste!...

SCÈNE XV

LES MÊMES, ALFRED *.

ALFRED.

Monsieur Morisset, s'il vous plaît?...

MORISSET.

C'est moi, Monsieur!...

MADAME MORISSET, à part.

Alfred!...

ALFRED.

Pardieu! Monsieur, j'ai perdu beaucoup de temps à trouver votre adresse!...

* Gobineau, Morisset, Alfred, madame Morisset.

MORISSET.

De quoi s'agit–il ?...

ALFRED.

J'étais, ce soir, au théâtre du Palais-Royal...

MORISSET, à Gobineau.

Sa visite se rattache à l'histoire du chapeau !...

MADAME MORISSET, bas à Alfred.

Quelle imprudence !...

ALFRED, de même.

Laissez-moi faire !... j'ai une idée qui nous tirera tous d'embarras... (Haut.) Et ma femme...

MADAME MORISSET, à part.

Sa femme !...

MORISSET.

Il est marié !...

GOBINEAU.

Sa femme aussi !...

ALFRED.

Ma femme a, maladroitement, laissé tomber son chapeau sur votre tête... ce dont je vous demande humblement pardon...

MORISSET, à Gobineau.

Quoi ?... Monsieur... c'est ?... Oh ! alors, tout s'éclaircit !...

GOBINEAU, à Morisset.

Tout s'éclaircit !...

ALFRED.

Après cet incident... nous avons quitté précipitamment nos places pour aller vous réclamer l'objet en suspens !...

MORISSET.

Il n'était plus en suspens, puisqu'il était tombé !...

GOBINEAU, riant aux éclats.

Où va-t-il les chercher ?...

ALFRED.

C'est juste ! (Il rit.)

MORISSET, riant aussi.

Mille pardons !

ALFRED, continuant.

Mais il paraît que vous en avez fait autant de votre côté, de sorte que nous ne nous sommes pas rencontrés !...

MORISSET, à Gobineau.

Tout s'explique !...

GOBINEAU, de même.

Tout s'explique !...

MORISSET.

Il est charmant, ce jeune homme !

ALFRED.

J'ai appris plus tard... que vous aviez été obligé de passer
au bureau de police du théâtre... je le regrette!...

MORISSET.

Il n'y a pas de quoi!... Flatté... au contraire!...

ALFRED.

C'est là que j'ai appris votre demeure... et je viens...
chercher...

MADAME MORISSET, à part.

Je comprends!...

MORISSET, lui montrant le chapeau qui est sur la table

Monsieur, voici l'objet!... il est un peu chiffonné... mais,
en le faisant retaper, c'est-à-dire rafraîchir... par le chape-
lier... non, par la marchande de modes... il n'y paraîtra
plus!...

ALFRED.

Mille remercîments, monsieur... et daignez recevoir l'assurance de ma parfaite gratitude!...

MORISSET, à Gobineau.

Il est fort bien!...

GOBINEAU, de même.

Très-bien!...

ALFRED.

Madame, messieurs... (Il salue profondément et allant pour
prendre le chapeau...)

SCÈNE XVI

LES PRÉCÉDENTS. MADAME DE BEAULIEEU, et MADAME
GOBINEAU.

MADAME GOBINEAU, à madame de Beaulieu, qu'elle précède.

Je t'annonce moi-même! madame de Beaulieu!...

MADAME MORISSET, à part.

Clara!.,.

ALFERD, à part. *

Elle!...

MADAME DE BEAULIEU, à madame Morisset.

Chère Emmélina,... veux-tu me présenter à M. Morisset...
que je brûle d'envie de connaître?...

MADAME GOBINEAU, à son mari.

Une de nos amies de pension !...

Madame Gobineau, Gobineau, Morisset, madame Morisset, madame de Beaulieu, Alfred.

MADAME MORISSET, à son mari.

Madame de Beaulieu... dont je vous ai si souvent parlé !...

MORISSET, saluant.

Madame !...

MADAME DE BEAULIEU, à Morisset.

Voici ce qui m'amène, monsieur... j'étais, ce soir, au théâtre du Palais-Royal...

MORISSET.

Avec votre mari... je le sais, madame !...

GOBINEAU.

Nous le savons !...

MADAME DE BEAULIEU, à madame Morisset.

Mon mari ?...

MADAME MORISSET, de même.

Tais-toi !...

MADAME DE BEAULIEU.

Hein ?...

ALFRED.

Pas un mot, madame !...

MADAME DE BEAULIEU, à part.

Ah ! c'est lui !...

MORISSET, à Gobineau.

Tout s'éclaircit !...

GOBINEAU, de même.

Tout s'éclaircit !...

MORISSET, à madame de Beaulieu.

Madame... je sais tout !... le chapeau demandé est entré les mains d'un ayant-droit... Il est entre les mains de monsieur votre mari... que voilà...

MADAME DE BEAULIEU, à part.

Que veut dire ?...

MADAME MORISSET, bas à madame de Beaulieu.

Ne dis pas le contraire...

MADAME DE BEAULIEU.

Soit !... (Haut à Alfred.) Ah ! vous étiez déjà venu le réclamer, monsieur !...

ALFRED.

Oui, madame !...

GOBINEAU, bas à Morisset.

C'est singulier !... comme ils se traitent cérémonieusement !...

MORISSET, à Gobineau.

Dans le grand monde... on se dit... monsieur et madame... c'est meilleur genre !...

ALFRED.

Et j'allais vous le rapporter... avec la permission, toutefois,
de madame Morisset...

MORISSET, à Gobineau.

Je ne comprends pas!...

GOBINEAU, de même.

Je ne comprends pas!...

MORISSET, de même.

Tout s'obscurcit!...

GOBINEAU, de même.

Tout s'obscurcit!...

MADAME MORISSET, vivement, bas à son mari.

Taisez-vous donc!... une petite brouille dans le ménage!...

GOBINEAU, bas à Morisset.

Ah! je comprends!...

MORISSET, à sa femme.

J'y suis!... et le chapeau raccommode tout!...

MADAME MORISSET, à son mari.

Vous l'avez dit...

MORISSET, à Gobineau.

Mais tout s'explique, alors!...

GOBINEAU, à Morisset.

Tout s'explique!...

MORISSET.

Eh bien!... mesdames et messieurs, pour finir dignement
la soirée et consacrer une réconciliation générale, je ferai une
proposition...

TOUS.

Laquelle?...

MORISSET.

C'est d'aller... (A Gobineau.) D'abord, toi, chercher ton bracelet au rabais... prix: cent francs!.., (Haut.) Et de là chez
Tortoni, prendre des glaces!...

TOUS.

Nous acceptons!...

MORISSET.

Vous acceptez?... eh bien! mes enfants, ne vous occupez
de rien!... c'est moi que cela regarde... je cours chercher des
voitures...

GOBINEAU.

Pourquoi?... c'est à deux pas!...

MORISSET.

Des voitures découvertes!... on prend sa glace en voiture...
on est vu de tous les passants... c'est bien meilleur genre...

GOBINEAU.

Mais...

MORISSET.

Silence !... c'est moi qui paie !... (S'avançant vers la rampe,
et à part, au public.) Et puis... j'ai une idée... j'entrerai au Palais-Royal.... je m'adresserai à l'assemblée, l'offense a été
publique. la réparation sera publique également...... j'ai le
courage civil, moi.... et je dirai : Messieurs, ça n'était pas ma
femme !... c'était une autre !...

GOBINEAU.

L'autre sera compromise !...

MORISSET.

Ça m'est égal !... j'ai le courage civil, moi !...

GOBINEAU.

As-tu fini ?...

MORISSET.

Oui !...

GOBINEAU.

C'est bien heureux !... Mesdames, si vous le voulez bien,
nous allons nous adresser au public...

CHŒUR.

Air : Du Voyage en zig-zag.

> Plus d'ennuis, de chagrins,
> Pour nous plus de nuage ;
> Le ciel dans le ménage
> Devient pur et serein !

MORISSET, parlé.

Laisse-moi donc tranquille, avec tes naufrages.... Tu n'es
qu'un faux marin !... (Au public.) Messieurs...

GOBINEAU.

Air : De Téniers.

> J'ai navigué, j'ai fait le cabotage,
> Et l'on m'a vu voyager de long cours.

MORISSET, l'interrompant.

> « Vous avez vu ce chapeau qui voyage,
> « Qu'on perd, qu'on trouve et qu'on reperd toujours...
> « Laissez-le faire et que rien ne l'arrête,
> « Juste au moment où baisse le rideau,
> « Ça s'rait avoir une b'en mauvaise tête,
> « Si l'on allait s' fâcher pour un chapeau !... (bis.)

REPRISE.

> Plus d'ennuis, de chagrins,
> Etc., etc.

VARIANTE

Dans la scène seizième, à partir de ces mots, dits par Morisset :
C'est moi qui paie, continuer comme suit :

(Morisset sort par le fond.)

GOBINEAU.

Mesdames, en l'attendant... je pense qu'il est de notre devoir de nous adresser au public.

CHOEUR.

Air : *Du Voyage en zig-zag.*

Plus d'ennuis de chagrin
Pour nous plus de nuage,
Le ciel dans le ménage
Devient pur et certain.

GOBINEAU, s'avançant.

Air : *Des Frères de lait.*

Vous amuser, messieurs est notre code
De nos chapeaux si vous êtes coiffés,
Daignez ce soir pour les mettre à la mode.
Dire... partout...

MORISSET, arrivant à l'orchestre et l'interrompant.

Stalle n° 5, je l'ai déjà occupée... voici mon coupon. (Au public.) C'est moi, Messieurs.

GOBINEAU, à Morisset.

Pardon, monsieur, je vous ferai observer.... que....

MORISSET.

Que je vous interromps...... c'est juste....... Messieurs, j'ai payé six francs pour ne pas voir votre pièce, j'ai le droit de parler pour mes six francs, et j'en use.

GOBINEAU.

Mais permettez...

MORISSET, au public.

Messieurs !..... ça n'était pas ma femme...... parole d'honneur... ce n'est pas elle qui était là. (Montrant le balcon.) Non. elle brodait tranquillement au plumetis !

GOBINEAU, s'avançant.

Mais, monsieur, si vouliez bien remarquer...

MORISSET.

Que je vous interromps ?..... c'est juste. (Au public.) Mes-

sieurs, j'éprouvais le besoin... de vous rassurer sur ce point..
désolé de ne pouvoir entrer dans de plus grands détails......
mais j'ai laissé deux voitures en bas, qui m'attendent pour
nous conduire à Tortoni.

GOBINEAU.

Mais ces détails là !...

MORISSET.

Ça ne vous regarde pas ! je le comprends... aussi vous re-
marquerez que ce n'est pas de votre côté que je suis tourné...
mais de celui-ci... (Au public.) Oui, Messieurs, j'emmène mon
monde, à Tortoni, prendre des glaces en voiture, on reste à
la porte, le monde s'arrête..... c'est très-bien porté..... je ne
vous invite pas à être des nôtres... vous comprenez... je n'ai
que deux voitures à quatre places...

GOBINEAU.

A la fin, monsieur ...

MORISSET.

C'est bon, on s'en va, on s'en va. (Il sort.)

GOBINEAU.

C'est bien heureux.... mesdames, si vous le voulez bien....

CHOEUR.

Air : *Du Voyage en zig-zag.*

Plus d'ennuis de chagrin
Pour nous plus de nuage,
Le ciel dans le ménage
Devient pur et certain.

GOBINEAU, au public.

Air : *Des Frères de lait.*

Vous amuser messieurs est notre code
De nos chapeaux si vous êtes coiffés.
Daignez...

MORISSET, entrant en scène.

Les voitures sont en bas.... partons....

GOBINEAU.

Mon cher Morisset.... je te ferai observer....

MORISSET.

Que je t'interromps.... c'est juste.... non-seulement je t'interromps, mais encore je prends la place....à mon tour.

COUPLET AU PUBLIC.

Air : *De Teniers.*

Vous avez vu, messieurs, combien engage
Certain objet qu'on suit dans son parcours,

Vous avez vu, ce chapeau qui voyage
Qu'on perd, qu'on trouve et qu'on reperd toujours.
Laissez-le faire, et que rien ne l'arrête,
Juste au moment où baisse le rideau
Ça serait avoir une bien mauvaise tête,
Si l'on allait s' fâcher pour un chapeau.
N' vous fâchez pas messieurs pour un chapeau.

REPRISE DU CHŒUR.

Plus d'ennuis, de chagrin.

FIN.

Coulommiers. — Typographie A. Moussin.